Artes em partes — da poesia
Filipe Moreau

Artes em partes — da poesia
Filipe Moreau

1ª edição, 2018 | São Paulo

LARANJA ● ORIGINAL

Aos poetas que me ajudaram
com uma leitura prévia deste livro

Clara Baccarin
Alexandre Barbosa de Souza
Germana Zanettini

Prefácio

Rosa aurora em panos de céu: alumbramento e indagação

Em *Artes em partes — da poesia*, Filipe Moreau reitera a voz poética que percorre a *Flor Lilás*, livro que lançou em 2014. Essa voz mais do que indagar ao mundo acerca de um estado de poesia, é a indagação do poeta sobre o mundo, sobre a experiência, buscada na variação das formas dos poemas, na linguagem simples e delicada, ainda que permeada de melancolia, como em "Missô e louro":

Talvez fosse a sopa — e apenas ela
a me trazer consciência
da desimportância de tudo:
as questões gerais do mundo
que eu pensara até então

A desimportância de tudo, constatada a partir da sopa, recupera o poema "Sentimental", de Carlos Drummond de Andrade, mas o subverte: se para o poeta mineiro os sonhos estão interditados, para o eu-lírico de "Missô e louro" as indagações tornaram-se inócuas, mas não quaisquer indagações, e sim aquelas sobre as quais o poeta se perguntava até então, até que a sopa — marca da cotidianidade e da simplicidade — desestabilizasse o estatuto dos questionamentos, aliás, como ocorre no poema de Drummond que mencionei acima. Esse porém é um jogo que pode capturar o leitor pelo avesso, pois se as questões gerais de antes deixam de importar, outras virão, com profundidade, existenciais, e percorrem, de modo geral, o livro todo:

*Quem somos nós
para querer
consertar as ilusões
de outro ser?*

E é o poeta que responde, entre a cabeça baixa e o orgulho, mais uma vez em tom drummondiano, dessa vez ecoando poemas como "O Elefante":

*(e se até agora ninguém veio
é porque não havia mesmo meio
e restou seguir andando
pela manhã
a lembrar-me que o sol
logo estará mais quente
e a lua ainda brilhando,
amarela — cor de gente)*

As rimas perfeitas e o ritmo dos versos garantem a vida que segue apesar de. Talvez esta seja uma das tônicas de "Artes em partes — da poesia". Na simplicidade, o sujeito poético prossegue, não porque aceite seu destino com resignação, mas porque ao se perguntar sobre ele, ao se espantar com o mundo à sua volta, sobretudo o mundo natural, caminha, resiste e insiste por meio da poesia, que o alumbra entre aves e aeronaves, mesmo que não saiba exatamente o seu destino, ou o das nuvens:

*De repente
Neste dia
Me levanto*

Sem dar conta
Do que existe
Sobre a terra:
Se edifícios
E entre eles
Não de pedras
Voam aves
E aeronaves.

Na forma de imensas nuvens
que se cobrem e descobrem
levadas ao vento
(não sei para onde)

Todavia, é sobretudo em relação ao amor que o sujeito lírico dos poemas se indaga, luta ou cede: o encontro, o cantar da musa, a solidão de um amor desfeito, a vontade de amar dão contornos ao livro em tempos em que a lírica nem sempre é tomada com a força poética que merece. Parafraseando Barthes, há muito fragmento de discursos amorosos neste livro de Filipe Moreau, muito de um sujeito lírico que ao andar entre os cacos do amor, encontra pedaços ainda intactos, são as memórias, ou algo que, entre as ruínas, valha o restauro para um novo amor que pode chegar e é sem dúvida quando a ferida da partida da amada se torna mais contundente, que o discurso amoroso fragmentário atinge um nível singular de poeticidade e delicadeza, a despeito da dor.

Mostro esse sentimento: monstro
por não esconder a falta

louca que você me faz
a cada vez que não está aqui

Como já escrevi a propósito da poética de Moreau, há em sua poesia um modo de lidar ternamente com a perda, ou ainda, há um modo muito singelo e poético de tratar a ternura da perda, que se de um lado deixa em migalhas o íntimo do sujeito lírico dos poemas, de outro, ao caminhar entre o que partiu, ou se partiu, mosaicos são compostos, bricolagens de sentimentos, lembranças e sensações, veiculadas em imagens belas, como as que este poema em prosa capta muito bem:

em sombras vazam luzes de uma rosa aurora em pano e céu
...que longas e velozes vagam leves longe em carrosséis
são entes que cavalgam sobre as árvores como um corcel
...do tempo que ecoa em verde roda o som por trás do sol.

Todo livro de poemas é uma espécie de mala de viagem. Nele cabem muitas experiências, a do poeta a do leitor; nesta mala de viagem, a propósito da qual escrevo essas breves linhas, o amor ocupa grande espaço e não poderia ser diferente, afinal, para citar novamente Drummond: "Mas, se não fosse ele, também/que graça que a vida tinha? ". É isso, "amor, cachorro, bandido, trem" é a força que move a poesia de Filipe Moreau neste livro. Sigamos entre as nuvens que o vento do discurso amoroso leva não se sabe para onde, ouvindo o som por trás do sol de seus versos.

Diana Junkes

Usurpa deste solo em mais gentio
— Vaca magra Brasil —

Homenagem[1]

[1] Inspirada na leitura de *Vivekananda: professor mundial*. São Paulo: Madras, 2007.

A verdadeira poeta

Mulheres são como flores
e há homens que as julgam
pelo número de pétalas:

umas tem 10, outras 16.
Algumas chegam a ter 100.

Mas há mulheres-flores
de aspecto igual ao de um jasmim
com mais de 1000 pétalas.

E do mesmo modo há leitores
que julgam seus poetas
pelo número de pérolas raras
encontradas em seus livros.

Em alguns aparecem 10, em outros 16.
Alguns chegam a ter 100.

Mas há livros-poemas,
como os de certa diva que conheci,
com mais de 1000 pérolas-luzes.

Manhã clara

Ela vê
Livros nos rios
Bondade nas pedras
E poesia em tudo

Sob as estrelas eternas
À noite na varanda
Na forma simples
De se divertir

Ela ri de quase tudo:
Dos rios nas pedras
A livros de bondade
— Onde houver poesia

O lugar onde ela mora
É uma pequena vila
Agradável
Perto de um rio

— E sabe-se que lá
Colhem muitas flores
À beira do leito

Sua xícara de café matinal
Ela toma
De uma pequena mesa
Próxima à árvore também cheia de flores

Sua casa é charmosa
E apesar do frio
Ama-se tudo que está à volta
— Em suas densidades cósmicas

Missô e louro

"Mas mal deu tempo de contemplá-la
e já me vi acolhido pelo canto da mesa
à espera da comida que aqueceria nossos estômagos"

    — Só agora entendi
    do que era feita aquela sopa.
    Colocou-se nela *missô*
    e algumas *folhas de louro*.

    Talvez fosse a sopa — e apenas ela
    a me trazer consciência
    da desimportância de tudo:
    as questões gerais do mundo
    que eu pensara até então

Não sou anjo
Nem bruto
Antes o Sol
A Lua e a Terra

Só você
Doce e calma
É mais divina
Que a natureza

Se não posso
Me afastar
Nem sair de mim
Quero estar

Acordado
Quando vier o Sol
Pois agora só me resta
Amar você por esta fresta

O verdadeiro amor trabalha em silêncio

Ninguém pode me ajudar,
pois não quero virar santo.
Minha escolha é confiar na vida
sem saber se haverá caminho certo

(e a possibilidade
de nenhum mal
prevalecer).

    Acho ainda
    que nenhum sentimento
    ficará perdido para sempre
    à margem de qualquer efeito

    (e uma centelha de luz
    brilha agora no escuro;
    será "o último fósforo
    de fantasia"?).

O abstrato
há de se tornar vivo.
E o poético,
na luta cotidiana,
atravessará toda sua
intricada mitologia
para adquirir
forma concreta.

Idealismo

Dona de asas,
não vá pensando que passaremos
só frio e fome
nesta Terra.

Pois logo ensinaremos,
de porta em porta,
àqueles que se creem
ricos em coisas e sentimentos.

Com nosso coração sangrando,
ainda diremos a este mundo
que só é estranho
querer algo a mais na vida.

> *A vida é nada*
> *A morte é nada*
> *O frio é nada*
> *E a fome nenhuma*

Vamos injetar poesia
nas veias alienígenas
por cada palavra que soe verdadeira.
E nunca será à toa

(embora a poesia
— bem sabemos —
seja sempre
um processo lento).

A dor

O que agora aprendi,
mas jamais falarei
é que quanto mais verdadeiro meu coração,
e mais puro,
maior a dor.

Assim como
a você
o amor
me enlouqueceu.

Sei que de dentro de teu seio,
expande-se um oceano
de Amor
sem fim.

E sou apenas um barco
— o que passeia por ele agora —
feito de ciência, filosofia, romance e arte,
ou a pura extravagância do pensar...

    Quanto mais navego
    em minha própria casa (ou carro de metal)
    mais me sinto um ser que é apenas mental,
    vagando em oceano idêntico ao que se
                    [espalha pelas ondas
    de alguma amargura...

Meu coração
é louco de amor.
E sou daqueles que querem dividir o que sente
com todos os seres vivos.

(Levo você no coração,
por onde caminho
e em todos os lugares que frequento.)

Toca agora a nota
De uma canção que nasceu
em grutas de montanha
e se espalhou
por clareiras da floresta

Longe do sofrimento
do suspiro, do medo
e da minha tristeza
ela apenas surgiu
como aquilo de onde
fluía o rio

Longe do esquecimento
da mágoa, do desentendimento
e da necessidade de riqueza
apenas
de onde fluía

      (já na pré-história, os iogues, sábios e santos
      faziam suas descobertas na ciência
      do eu profundo e cósmico

      enquanto havia ainda
      muitas cobras
      na Índia...)

Tateando meu caminho

Se a alma é imortal
Ainda assim é melhor
Não perder tempo
Com arrependimentos

Sábio é estar
Agora no caminho
Ainda a seu lado
— O mais importante —

    Aparentemente
    Só há vida
    Vivida em mente
    E no coração

    Se sua memória
    Anda distante
    Como a de um poeta
    Que viaja errante

    (E se viu mudo
    Em suas mensagens)

    Você agora tenta mudá-la
    A cada país que chega
    E apenas fotografa
    Para escolher depois

    As melhores imagens

Contextualização e dilúvio

(Dizem que no fim, a verdade nunca falha.
Aparecerá, hoje, amanhã,
ou nas últimas eras da vida.)

Haverá algo de sagrado
que estando dentro de nós, como parte de Deus,
mostrará o verdadeiro Ser em nossa pessoa?

O que mais podemos querer?
Quando se tem amor no coração
parece que habitamos em outra casa,
experimentando novos conceitos de vida
(sem que para isso precise haver religião).

> Não acredito em planos superiores,
> em seres radiantes;
> apenas em haver
> mais verdade e compreensão.
>
> E que cada fase
> possa ser vivida
> sem se achá-la menor
> (ou menos importante) que as outras
>
> (pois a sensação
> de uma época estagnada
> não tira o significado
> que se queira dar à vida).

Revisitar o guru

I.

O guru é doce, gentil,
amoroso.
Seus discípulos alimentam a ideia
de que passou toda a vida numa caverna
vestido de manto amarelo.

E que apenas isso
foi necessário
para que ele chegasse
à espiritualidade.

>O guru é um cristal
>que reflete a consciência
>de todos que vão até lá.

>É capaz de ver o que cada um precisa
>e atendê-lo em seu próprio
>plano de consciência.

Seus discursos maravilhosos,
ele profere sempre a lembrar
de pássaros, flores e borboletas.

>(Teoriza-se ali uma
>inspiração que viria
>pela consciência,
>via meditação.)

*— A verdade é para todos, para o bem de todos. Não é secreta,
e sim sagrada.*

>Para segui-la,
>devemos apenas
>ouvir
>e em seguida pensar:

— Deixe que a maré da razão flua sobre si, e então medite...
*— Acumule poder em silêncio e torne-se um dínamo da
espiritualidade...*

>Diz-se que só quem vive
>em fartura pode dar algo.
>Mas só o faz quando não quer
>mais nada para si.
>
>E só é preciso viver
>a atmosfera maravilhosa de liberdade
>e bênção para ser parte do infinito.
>Pois para o eu profundo — como para a alma —
>não há início ou fim.

II.

O guru a segue
com amor
e um olhar na testa sobre seu trabalho
(altruísta e heroico, como o de secar lágrimas das viúvas
e dar pães aos meninos órfãos)

Vivendo ao lado
de lindas pétalas brancas
com certeza
ele dará o seu melhor

— "Olha aí, é o meu guru"
— "Ele tem um jeito que é só seu"

III.

Houvesse um guru de verdade, e seria mesmo de cristal,
capaz de refletir a verdadeira consciência
dos que renunciam à própria dificuldade
para se dirigir à bela casa do *Amor* revelado.

       E lá se poderia rir como pássaro
       de uma flor que à noite se mostrasse alegre.
       E das borboletas...
       Então ele contaria histórias dos poetas
                         [antigos,
       recitando seus mantras escritos em hindi.

E lá, com a mulher mais linda do mundo
(que não preciso dizer qual),
nem que quisesse a olharia de modo estranho
                         [ou desatento,
pois logo se transformaria em um ser repugnante
(do tipo cobra ou sapo de orelha verde)

Sua voz estaria linda ao lado dela, e de outros poetas:

> — O que enfim faria com que as pessoas
> [notassem...

(E todos passariam por ali sem ver
nada do que estivesse ao redor,
pois estariam flutuando, felizes,
em sua doce música divina.)

IV.

Há algo que estaria além

    ... da inconsciência
        da subconsciência
            e da consciência

    e seria uma

    supraconsciência,
    também chamada de
    inspiração.

Nas asas dessa inspiração, o guru gostaria de levá-la à altura do que seria sua casa natural

Para assim poderem estar cheios de alegria e vivendo em esplendor

V.

Ainda mais se falaria desse guru
No que se refere à *inspiração*
e se dissesse de um estado de consciência
mais elevado

        Diz-se que para os humanos (segundo uma
                                          [ioga tal)
        haveria três instrumentos de conhecimento:

— O *instinto*, mais desenvolvido entre os animais (que
se limitam a ele), como instrumento ainda inferior de
conhecimento;
— A *razão*, mais desenvolvida entre os humanos
(mesmo estando presa a limitações);
— A *inspiração*, esta que pertence aos poetas,
conectados à luz divina — segundo o tal guru.

Vejo-a sempre terna e doce

Em todas as noites
Ela brilha
Com seu suave mistério
De luar
E luzes
Douradas
Das estrelas

Abre-se um caminho de bondade
Para o nosso estranho estado "superior" de consciência
Estamos agora cheios de alegria
E vivendo em suposto esplendor

ela é clara como a luz

e sabe levar a vida

                como um amor ardente

O final em uma pequena história

Chegou um dia da Índia
para tornar-se peregrina dos pensamentos.
Próxima à margem do Tietê
(espécie de rio Ganges daqui)
Inclinou a cabeça
em reverência à memória de um grande pajé (ou guru)
como se o saudasse...

Pois aqui é seu país
e poderá dirigir-se agora
ao ponto em que o rio quer convergir,
mas escoa-se em parte pelo Pinheiros.

Por uma brecha de seu pensamento,
despenca-se então entre duas montanhas imaginárias
pelo lugar onde há estações de cheia.
E vê-se todo o charco iluminado.

Foi assim na juventude,
quando apenas com dezoito anos
começou a cursar faculdade.

E era bem coisa de mulher
imatura e indisciplinada
que precisava avidamente descobrir
"as coisas da mente e do espírito".

Sua mente,
ainda acostumada à atmosfera protegida e protetora
de uma "rígida ortodoxia do protestantismo cristão",
não se permitia notar que os pais apenas temiam
que ela se perdesse no chamado "pensamento livre"
da falta de (in)formação.

Agora ela fará tudo para assistir de novo à palestra de
seu guru.
Irá alojar-se na moradia estudantil com as amigas
e dirigir-se ao refeitório da universidade para almoçar
(e a outro lugar qualquer, desde que possam *ser* e *estar*).
Depois vai responder a todas as perguntas que fizerem
sobre o longo tempo em que morou na Índia.

Da janela da fazenda

Remanso em seu recanto[2]

Segue-se em remanso ou recato por este dique
d'águas paradas, pausadas e assim pousadas
as que eram de regato

Dois meses já se passam à estada deste líquido
E só em seu íntimo sabe-se das instâncias
Que se deram por estâncias d'águas rasas

Se no seu percurso movia-se ao curso
mais distante
e oblíquo

        Há de estar em fazendas
        que não servem só a rendas
        mas a renas amenas

        E as renas comem carpas
        e as carpas grandes montes
        de fenos

---

[2] Remanso = cessação de movimento; paz, sossego; água estagnada. Ou, poema antigo, pequeno e fugidio, feito de total improviso...

Se na superfície desse lago
boiam insetos sobre as flores
Lá nos cantos proliferam só girinos pequenos

O meu recanto é como um sonho
que no seu exterior invade a realidade
para cedo ou tarde desdizer-se a que veio

Surgira lá bem antes
de haver causa ou efeito
(e nem ao menos diz algo do que se presta a um soneto)

É como aquela...

Deixa-me ser
fibra tensa à sua língua
como bala de goma

Flores e flechas
a confluir nas feridas
do seu sangue

E nesse sangue apenas um
remédio
dos que você toma

Em meu efeito
agir contrário
como um bumerangue

Da janela

Da janela vejo
clara paisagem

que está a fazer-se
e desfazer
        a cada pensamento

na forma de imensas nuvens
        que se cobrem e descobrem

levadas ao vento
        (não sei para onde)

Vejo o futuro como estrada iluminada
do tempo que a todos poderá consertar

— Virarão aves em voo ou só mamíferos afetuosos

(Só não digo que deixará de haver sofrimento —
é o que sonho ainda, mas só por divertimento)

Perceptiva

Limpa-se da barra a cara
Como cria da coragem
Na saia-calça de ir

Sua cara, minha cura
E não foi só por falar bobagens
Não foi à toa

Sinto próximo os seus rins
E algo como *suor*
Mas se você quiser desistir ("tolice insistir")
Já não tenho como *sair*

        Pois daqui se vê bem mais
        que o balanço da roseira

E por falar em sonetos (poesia didática)

Há tempos já me pus a perguntar
Se o modo do soneto é um viés
Do ritmo que leva a acentuar
No 2, depois no 6 e então no 10

Há essa e outras formas de fazer
Com meu amigo Jayme aprendi
Que a rima pode ser A - B - A - B
Ou A - B - B - A - C, se preferir

Mas quando já se adentra o tal terceto
Que em ritmo difere-se da prosa
Há a possibilidade de o soneto

Buscar requintes como mote e glosa
E dar-se a uma espécie de sexteto
Fechando-se em rima cuidadosa

Há algo em mim que cisma em não partir para Portugal
Nenhuma paisagem é tão bela quanto a brasileira
Aqui, o Rio de Janeiro
Lá, o *rio Tédio*

Por mais que se diga revirar a cultura portuguesa,
Não, ainda não vamos não
Foram séculos de tradição, até o povo se fazer desse jeito
Lá, vão preferir continuar mesquinhos
Tomados de Tejo

Exercício sobre rimas prévias

Vai morar numa cabana
Pra sentir-se mais bacana
Ao colher dessa banana
E plantar do que mais for

Tendo a cama preparada
Pra sonhar de madrugada
Sua dona ali deitada
Harmonia e bom humor

        Sem querer outra donzela
        Ou de coisa mais singela
        Já não ama sem ser ela
        A lhe dar tanto calor

        E se assim acontecer
        De se dar com aquela flor
        Vai viver sem prometer
        Mais que amar o próprio amor

Nova paisagem de fazenda
(em pequena chuva de haicais)

Vai-se até a sede
Pra matar a sua sede
Cansado na rede

Passa o feriado
Assistindo ao seriado
Comendo deitado

Pro filme dublado
Tempo frio, dia nublado
O quarto fechado

(Não parece à toa
Que quando a vida está boa
O tempo, ali, voa)

Melancolia e travação
(tristeza sem fim)

Noite de pouco afeto

Mostro esse sentimento: monstro
por não esconder a falta
louca que você me faz
a cada vez que não está aqui

Eu devia perder o medo:
ver se assim você se importaria
e me levaria a não pensar na morte
ou qualquer desejo de fim

        A mesma trilha sem trilho
        em seu caminho usual
        mostra a solidão a que veio

        Por uma cancela boa
        de uma divisa à toa
        a isolar-se também

Ingênua ou pouco engenhosa

Meu amor não dá presentes

> Não é nenhuma tola
> pois só sabe dar amor — eternamente
> sem nunca pedir esmola
> (e também não quer do que não precisa)

Todos sabem que é só de brincadeira

> Quando faz "olhinhos" para os outros,
> não, não quer me ver chorar
> Quer me ver sempre feliz, e bem

Sabem eles que ela nunca me deixará

> pois é mulher que ama seu homem
> Mulher que me ama
> com sua boa alma feminina

> (Nesse laço
>   haveremos de perdurar
> a cada passo
>   do abraço
> a que nos moveremos
> por séculos

> E passarão aqui
> para buscar
> em nosso traço
>   isso que mais se gostaria)

Assim
>   prefiro dar-lhe
>   o apelido
>   de fruta...

(Genérica da anterior)

Meu amor não dá presentes

        Tem muita personalidade
        Dá-me seu amor — eternamente
        E anima-me quando me vê sair da tristeza

        Para ela é tudo brincadeira
        Mas quer um só

Não faz olhinhos aos rapazes (olha só para mim)

Detesta quando choro

        e fica feliz quando digo que a amo
        Não me provoca ciúmes de propósito
Mas traz-me seu corpo e amor
        quando vê que eu mais preciso

É das que amam seu homem

Palavras chorosas
De um sonhador
Que em você pensa
E não se perdoa
Por não poder desfazer
O que nem foi feito

Apenas por você
Ele torce e trabalha
Para que no futuro
Tenha dias melhores
Mesmo que úmidos
De sentimentos
Que todos têm

Abre agora o guarda-chuva
e as lágrimas vão parando
Mas o destino delas
é se juntarem ao mar
nas ondas do amanhã

E quando é forte,
torrencialmente,
de pura emoção,
ela só se vence
pela razão

(O ser humano não deveria
justificar tanto o seu comportamento
pelo uso da palavra "razão")

Cada forma
É feita
Segundo a norma
A que se sujeita

Mas logo se transforma
Na cama
Em que se deita
E bem se deleita

Um dia depois do outro
Um leão por dia
Um problema de cada vez
Uma sopa de esperança
Uma solução pra tudo

Queria ali era um amor
Queria porque queria
Mas para que serve o amor?
Queria estar com aquela flor
Porque queria ser e viver como ela
(O que seria viver sem ela?)

    Havendo o ser: existir
    Por imagens: pensar
    Com ideias: vê-las
    Sentir da abstração: algo que se dá
    Admirar-se à luz
    Criar no amor: doar-se e saber

    Oxalá nossa vida
    Deixe para ser escrita
    Só depois
    De muito bem vivida

Quem somos nós
para querer
consertar as ilusões
de outro ser?

(e se até agora ninguém veio
é porque não havia mesmo meio
e restou seguir andando
pela manhã
a lembrar-me que o sol
logo estará mais quente
e a lua ainda brilhando,
amarela — cor de gente)

Já notou

Já notou que te amo
Mas pensa
A cada vez que ligo
Ser por engano

> (Há coisa piores
> do que amores platônicos
> plantados
> em solos tectônicos?)

Nadas nua e és tudo
Em nada mudas o mundo
Mudas à muda e deixas de me afundar
E de mudar nada em tudo

> Desde que te vi
> Uma coisa nasceu em mim
> Mas nada deixou de mudar
> E afundar em nada e tudo

> Não foi insano não
> Teus gestos inocentes
> Por falta de paixão
> Tocaram meu coração

> Nada foi em vão
> Não foi por engano, não
> Teu olhar inocente
> Tomou meu coração

No meu modo de estar sozinho
Faço-te uma proposta
Manda-me um beijo
E o depositarei em teus próximos sonhos

Minha ama: minha cama é um depósito
De sonhos sem fim
Só falta agora
Tu gostares de mim

Ligeira melhora

Se houver algo superior
que zele por nós
talvez possa nos livrar dessa
constante necessidade
de ser feliz

A dona do nada

Esse amor
Originário
de um mundo imaginário
É aflição aguda
do tipo que não pede ajuda

O amor frustrado
Renegado
Deixado
de lado

Exame de um vexame

A horta seca
Que não chove há meses
Que não chove há anos
Vai deixar essa oportunidade passar?
Estiagem que já dura
Quase dois anos
Vai ficar vendo a chuva passar?
Indo pra outra horta, de quem nunca se esforçou
                                   [de verdade?
De quem nunca cuidou?
Amar é cuidar

Outras de amor e natureza

Rocha roxa

Areia é feita
Das conchas e rochas
Que como colcha
De retalho
Nos entalhos
Da natureza
Mistura os vários tipos
De restos (in)orgânicos

Há conchas roxas
Nas rochas brancas
Que grudam na coxa
Como areia fina
À pele da menina
Que agora finalmente
Vai lavar
Nas ondas do mar

A sábia sabia
Imitar o canto
Do sabiá

Não era assobiar
O que ela sabia
era a alegria

Ela
Sabia
Sonhar

Café Astrus floridum est

Esse tic-tac
Obriga-me
Ao origami

A etiquetar o tic-tac
O origami
Obriga-me

A etiquetar
e tic-tac e tic-tac
e tic-tac e tic-tac

De repente
Neste dia
me levanto
sem dar conta
Do que existe
Sobre a terra:
Se edifícios
E entre eles
Não de pedras
Voam aves
E aeronaves

Desde cedo

O sol bate desde cedo
E com suas ondas calmas
A luz vem aquecendo
As almas

De noite ele vira estrelas
Pra você se ligar
Deixando de acordar
Às claras

Se há luz em seus olhos
E você vê o mar
Aonde anda o seu senso?
Você saiu do ar?

> (Nos seus olhos vejo
> amor puro e sereno
> de quem já não tem medo
> ou desconfia da dor:
> Amor é o que percebo
> e nos faz sentir plenos.)

Clá Bê é filha da Natureza. Filha dela mesma.
Dizem que o estágio final é quando você volta
                              [para a tristeza.
É quando você volta para o amor.

**Roseira das engenhosas
(com nova chuva de haicais)**

Estados oníricos

A alérgica
em lisérgica
letargia

Guerrilheiras

Guerrilheiras & *girl friends*
seguem a comemorar
seu réveillon à revelia

— Não queremos o ambiente pela metade
— Entrem listas de listras
por frestas que há nas festas

— Andei tendo ideias — ela diz
no meio do beijo
de objetivo à cópula
em meio à poluição

Por artifício do astrofísico
haverá apenas uma imposição
à sua oposição

        Mas Claudineia, claudicante
        segue *crowdeada* — grudada —
        caldeada em cadeado

        Leonardo, em pleonasmo
        leva a Procópio
        seu periscópio

        — Já vão subir a colina —
        diz-se logo
        a Carolina

Há um Oceano específico
intensivo e compreensível
Intrínseco

Extensivo, incompreensível
extensível e compreensivo
Oceano intrínseco

Pode revirar a poeira o mar?
Poesia, sim
Poderia

(Mas há uma paz
Que só o sexo
Traz)

Cacique clássico

Foi para tornar-se nu

O Lobo amarelo
Na utopia das copas
Quis mostrar-se em *nardo* puro
Perfume em vaso de *alabastro*
Da terra onde corre *leite e mel*

A espada estridente
Pôs-se em sonho a compenetrá-la
— estádio geral —

Como Odisseia
Em campos de sua *colmeia*
Ter de aguentar: você *muda* o tempo todo.

Na festa das sete os amigos trouxeram bolo
E pediram para escrever, fazer música, estar à vontade
(e você só no canto
doce da musa nova
em nau à vela
que o vento trouxe)

Oásis de coisas

Seu nariz:
Chamariz
Chafariz

O albatroz de Alcatraz

Eu tenho pena de passarinho
E sou gavião, não deveria
Ter esse tipo de pena

Com seus haicais
os chacais
vieram se despir
e despedir, sem se ferir, deferir

Sua lava de uivos
uivos vivos —
Em cada folha
Uma chuva de uivos

(Sem se despir, despedir
Sem se ferir, referir
Se há lava nos uivos dos vivos
Vai da chuva da lava em folha
À chuva dos uivos)

    Haicais de chacais
    Sem se ferir, desferir
    A chuva de uivos

    A rocha é roxa
    E a vida mais redonda
    Com jabuticaba

    Chuva lava cada
    Folha que se vê despir:
    De sol, despedir-se

Percebo
o percevejo

Vejo-o
perseverante...

>...a rebuscar-se
>em sua blusa
>emblusar em lambusar-se
>de me desembuscar

Capital de metal[3]

Em Katmandu
Capital do Nepal
Estava um lindo dia
Etc. e tal

Fazia-se amor
Como era o normal
Em Kathmandu
Capital do Nepal

Saí com minha turma
A festejar
Mais um ano de alegria
Tudo estava legal

Choveu, choveu
Choveu... muito
Muito mais
Que o habitual

---

[3] De tipo RAP, feita para música.

Trago um bracelete
Para usar
No palacete

— Libet, Norub, Nobut

Estou calmo em Estocolmo
E está tudo destacado:
sau(da)de
sol(dad)o

Preciosa, deliciosa e meu amor

A rosa indecorosa
Prosa atroz
prosadores das galáxias

Depois das Alagoas
Quis morar nos Alabamas

Como que por encanto
E apenas por enquanto
(mas Oxalá seja durador)
O amor Vaz de Caminha

Bules e blues

Minha carne, meu cerne
(Re)fiz um blues, pensando em teus bules
Depois de muitas mediações, e (re)meditações
Antônia está atônita

Flua
Flutua
Flu(tu)a

Que deslizamento fazia
Quando sentia frio

Desligamento do que sentia
Do quanto frio
Se fazia

(Sentir-se pior do que ovo frito
no gélido fundo
        de um rio
        a fel cozido)

Definição matemática

"hoje
é o amanhã
de ontem"

Domingo eu vou lá
beijar a boca
de minha amada
(ao menos em sonho)
para sentir seu gosto

poesia em poça
poesia à solta
poesia à toa
poesia boa

São seus olhos e neles me movo

Um vaso retesa
Ao que o mar nos dá, sem pressa
E à fonte represa

Haicais em chuva

(O universo
Controverso
Em seu inverso)

    No ar rarefeito
    Do Himalaia um Hare Krishna
    Transforma-se em Vishnu

Andou pela granja
A escolher uma galinha
Para fazer canja

    Segue a negra regra
    Mede tudo com a régua
    Seja palmo ou légua

A medicação
Vai trazer o mesmo efeito
Da meditação?

    Um grande tsunami
    Levou tudo e só ficou
    Índio Ianomâmi

    A parafernália
    Levada toda de trem
    Caiu do navio

Poeta e gago
Já não vê se se separa
A fala da escrita

Desfeito o feitiço
Resolveu desacatá-la
Sem saber amá-la

Ikebana

    Vale verde novo
    A pena verde do vale
    Vá na primavera

    Só na primavera
    Vale a pena conhecê-la
    A *Flórida florida*

Amei meu amor
Como Eva vê a uva
Didaticamente

Zoo

"Sapas" (entre aspas)
Diz o sapo logo após
O rato arrotar

"Sapas" — entre aspas
Vão dar ao sapo uma sopa
Ao rato um ator

Desastre em Mariana

Após desabar
Espalharam-se detritos
Por vários distritos

Fez-se desandar
Em detritos espalhados
Por vários distritos

Está à espera
De sair da própria esfera
E ao mundo enxergar

Vamos deixar en(con)trar outras

Canções dos escritos
Abrem-se às curvas do rio
E seguem sonhando

Poemas rasos (ainda mais abstratos)

Nudez e mudez

ela chega
cheia de nudez
e mudez

aquieta
arquitetura
inquieta
engenharia
fígado ligado

Jardim sem maconha

Correto é o carreto
O coreto, careta.

Tantos planos... Tantos, tantos, tantos...

Almôndegas nas alfândegas
Fulano pernambucano
perambulando

A única coisa
Que não me falta
É sentir sua falta

pormenor enorme
ínfimo infinito
pensa o sentimento
do acaso na cidade
o acaso
(in)decisivo

detalhe cedido
de sobremaneira rasa
para acima isolar-se
no acesso ao so-
lar

Presságio

Mamas nas deleitosas vacas
E teus poemas serão lidos

Por toda a enfermidade
De toda efemeridade

De tristeza

Quando estou
perto de você,
eu vivo.

Quando estou longe,
sobrevivo.

Pelada, pedala

Poeira
Poderia
Virar
Poesia?
Sim,
Poderia

Holística

Meu coração
andino ou indiano
vende agua para los lobos
e o tipo de yoga em voga

porque alguns amores morrem antes de existir

Onde, conde?
(feérico
perora, scherzando idem)

Morando
No morgadio
Morgando
Morango

Relaxe na sintaxe e...
Axé!

    Samuel
    is somewhere...

    — 70 tuagem?
    — 70 manco?

Frases

— Estou sentindo uma chuva...
             ... que é atemporal

— O *bing bang* é só o começo...

Eruptiva

Marta Rocha
Foi a um jogo de bocha
Pra exibir sua coxa
E acender dessa tocha

Nícol Black é um tipo um Mandrake

Lançou-se ao ataque
Contra as tropas do Iraque
E nos escombros deu-se o baque
Sem nenhum *feed back*

Como tiro de canhão
Houve estrondos de trovão
E viu-se lavas de vulcão

Anexando Alexandro

Alvar Aalto
Escapou do assalto
Vendo um muro do alto
Preparou o seu salto

Joaquim
Foi morar em Pequim
Comprou tinta nanquim
Para o seu botequim

Ed mula

Estourou os miolos
Deixou roxo nos olhos
Até chutou as bolas

Mais um murro na cara
Pra sentir o que é barra
Quem nas cordas se agarra

Carlota e a cartola

A rainha
arranha ao violão
uma música
que faz esnobar
de *snowboard* em referência
à sua irreverência

Mas ela que se expresse
e esqueça o estresse
que de lá emergia
com tamanha energia

Aurora

Autora
Outrora fora
A outra

Estefânia

A epifania
Traz a alternância
Da melancia

Dos ditados ditos nativos e inativos

De Manaus se vai a Londres
Quem tem bota vai ao rancho
Quem só tem mão, pasta colgate

O motorista da moto
Pega o envelope
Sai e fica
São Paulo abandonada

Do trânsito novo da cidade
Já não há o que reclamar
Quanto menos carro de boi
Mais cara a cara
cara a cara
a cara

        Para o colorido e o dolorido
        que se espera da ajuda de um santo

        com seu sudário e santuário
        e seus tantos amigos santos
        em mantos
        todos com seus cantos

Palavras que só se confundem

Tomar ou tornar
Meu plano, meu piano
Plagiar e elogiar
Um trocadilo de crocodilho

Ética etc.

Fez-se a previsão
Com total precisão
Numa agenda magenta:

O cataclismo
Sobre o catolicismo
Do político apocalítico

Entre os cosméticos, domésticos
De final de expediente
Nada experiente

Fez-se escutar e executar
Como marionete
Viagens de maionese

Ciclope e os enciclopedistas

boa noite, doce anjo
alma boa
açafrão da terra
(espécie de gengibre)

Suas pegadas na areia
serão lambidas pelo mar
até sumirem para sempre
(junto às de bilhões de outros seres)

Sou seu pote
Mas sirvo para pôr
somente
semente

Enfim poesia

A minha casa e a NASA

Minha casa é a NASA
A nave
De água, o que nos aguarda

A ave vai longe da nave
Mas não sai de sua casa
Que já se sabe: é a NASA

Só é água o que lhe aguarda

A ave na nave vai
Voa ao longe
Mas sabe que minha casa (e dela)
É só a NASA

(Aonde vai a ave
Quando se afasta da nave?
Vai voando solta por qualquer canto
Imitando o canto do que se cante)

A minha casa é a NASA
Da água que nos ague
Água que nos aguarda

       Minha casa é a NASA
       E minha nave — ave! — não é nada
       Apenas água
       Do que nos aguarda

(Se minha casa é a NASA
E a ave voa longe, com sua asa
Só na minha nave eu a levo
Com flocos de neve...)

em sombras vazam luzes de uma rosa aurora
em pano e céu
... que longas e velozes vagam leves longe em carrosséis
são entes que cavalgam sobre árvores como um corcel
... do tempo que ecoa em verde roda o som por trás do sol

Ela nem
Está   VENDO
Que
Está cho- VENDO

No que agora mais se   ALAGA
Desta casa que
          se A   LUGA
          (e A   LUGO)

Há um lugar em que
          HÁ   LAGO

E mesmo que só haja   alguém
Que ninguém esteja   VENDO

Que não   ALEGUEM
Que nela não há   ninguém...

        hazard é
azar
        ou queda

        acaso
e ocaso
        conforme
        o caso

A sea in the tea

Abelha e mel
Um pote de mel
É doce o mel
Lá-dó-si mel
Açúcar e mel

(Açucarado)

    E olhe agora para este papel
    Entre e adentre-o
    Depois, que você voe
    E sinta-se em um carrossel
    Vá, vá

    (Se está com a matraca
    Faça como a maritaca
    Deixe-se dançar, e queira-a a se adoçar)

        Sugar o açúcar[4]

---

[4] Frase do amigo Fábio Tura.

Poesia palíndrica (ou quase)

A Diva aviva a vida
A vida ama a Diva
A vida aviva a Diva

A dívida:
Àvida Diva

A vida dá dádiva
Ávida dívida: Diva

Projeto e protejo

pr otejo r pr ojeto rp

sã, cita metamorfose
e sofro matemáticas

        A paz, a vez, a foz
        é do peixe, e há quem diz
        ser como feixe de luz

Despedida musical

Peço só que se tu fores
Que nunca mais te enamores
E nem mais mores
com nenhum de teus amores

"Que em ti apenas desflores
o que forem os desaforos
e aos que forem teus desamores
nunca mais reflores"

Mas tudo isso...

É apenas retórico
É apenas teórico
Apenas jônico
e dórico

se sou seu
em uma lua
lá voo bem

Índice de poemas

Homenagem

- 19 A verdadeira poeta
- 20 Manhã clara
- 21 *O lugar onde ela mora*
- 22 Missô e louro
- 23 *Não sou anjo*
- 24 O verdadeiro amor trabalha em silêncio
- 25 Idealismo
- 26 A dor
- 28 *Toca agora a nota*
- 29 Tateando meu caminho
- 30 Contextualização e dilúvio
- 31 Revisitar o guru
- 36 Vejo-a sempre terna e doce
- 37 *ela é clara como a luz*
- 38 O final em uma pequena história

Da janela da fazenda

- 43 Remanso em seu recanto
- 44 *Se na superfície desse lago*
- 45 É como aquela...
- 46 Da janela
- 47 *Vejo o futuro como estrada iluminada*
- 48 Perceptiva
- 49 E por falar em sonetos (poesia didática)
- 50 *Há algo em mim que cisma em não partir para Portugal*
- 51 Exercício sobre rimas prévias
- 52 Nova paisagem de fazenda (em pequena chuva de haicais)

Melancolia e travação (tristeza sem fim)

55 Noite de pouco afeto
56 Ingênua ou pouco engenhosa
58 (Genérica da anterior)
59 *Palavras chorosas*
60 *Cada forma*
61 *Um dia depois do outro*
62 *Quem somos nós*
63 Já notou
65 Ligeira melhora
66 A dona do nada
67 Exame de um vexame

Outras de amor e natureza

71 Rocha roxa
72 *A sábia sabia*
73 *Café Astrus floridum est*
74 *De repente*
75 Desde cedo
76 *Clá Bê é filha da Natureza. Filha dela mesma.*

Roseira das engenhosas
(com nova chuva de haicais)

79 Estados oníricos
80 Guerrilheiras
81 *Por artifício do astrofísico*
82 *Há um Oceano específico*

83 Cacique clássico
84 Oásis de coisas
85 O albatroz de Alcatraz
86 *Com seus haicais*
87 *Percebo*
88 Capital de metal
89 *Trago um bracelete*
90 Preciosa, deliciosa e meu amor
91 Bules e blues
92 *Flua*
93 *Que deslizamento fazia*
94 Definição matemática
95 São seus olhos e neles me movo
96 Haicais em chuva
98 Ikebana
99 Zoo
100 Desastre em Mariana
101 Vamos deixar en(con)trar outras

Poemas rasos (ainda mais abstratos)

105 Nudez e mudez
106 Jardim sem maconha
107 Presságio
108 De tristeza
109 Pelada, pedala
110 Holística
111 Frases
112 Eruptiva
113 Nícol Black é um tipo um Mandrake
114 Anexando Alexandro

115 Ed mula
116 Carlota e a cartola
117 Aurora
118 Estefânia
119 Dos ditados ditos nativos e inativos
120 Palavras que só se confundem
121 Ética etc.
122 Ciclope e os enciclopedistas

Enfim poesia

125 A minha casa e a NASA
127 *em sombras vazam luzes de uma rosa aurora*
em pano e céu
128 *Ela nem*
129 *hazard é*
130 *A sea in the tea*
131 Poesia palíndrica (ou quase)
132 Projeto e protejo
133 Despedida musical
134 *se sou seu*

© 2018, Filipe Moreau
Todos os direitos desta edição reservados à
Laranja Original Editora e Produtora Ltda.

www.laranjaoriginal.com.br

Edição **Filipe Moreau**
Projeto gráfico **Arquivo · Hannah Uesugi e Pedro Botton**
Produção executiva **Gabriel Mayor**
Foto do autor **Guilherme Tichauer**

Texto revisado segundo o Novo Acordo Ortográfico
da Língua Portuguesa

Dados Internacionais de Catalogação na Publicação (CIP)
(Câmara Brasileira do Livro, SP, Brasil)

Moreau, Filipe
    Artes em partes: da poesia / Filipe Moreau. — 1. ed. —
    São Paulo: Laranja Original, 2018. — (Coleção poetas
    essenciais ; v. 8 / coordenação Filipe Moreau)

ISBN 978-85-92875-42-8

1. Poesia brasileira   I. Título.   II. Série.

18-19072   CDD-869.1

    Índices para catálogo sistemático:
    1. Poesia: Literatura brasileira 869.1

Fontes **Gilroy e Greta**
Papel **Pólen Bold 90 g/m²**
Impressão **Forma Certa**
Tiragem **150**